MATA TEU PAI

Grace Passô

MATA TEU PAI

Coleção Dramaturgia

Cobogó

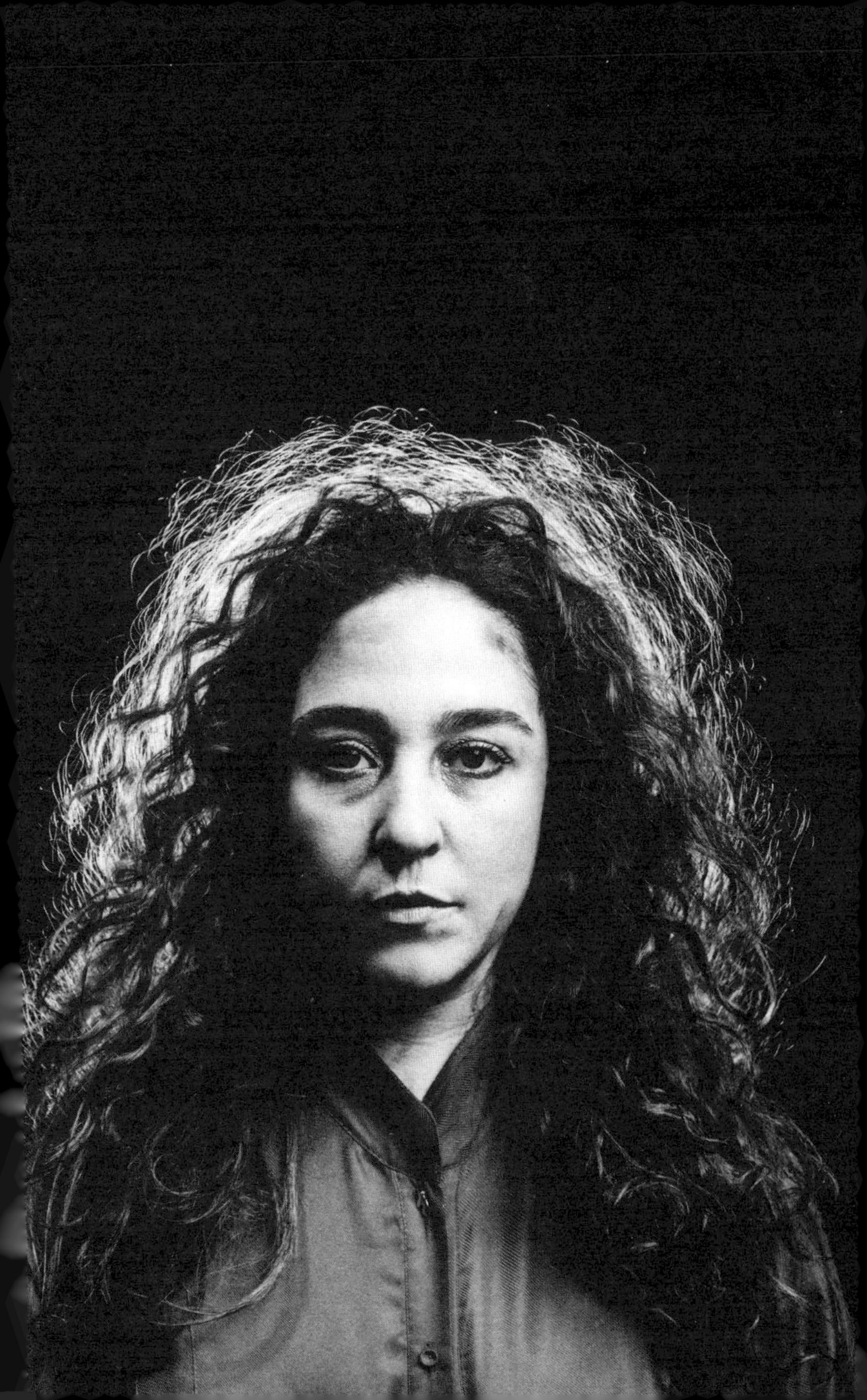

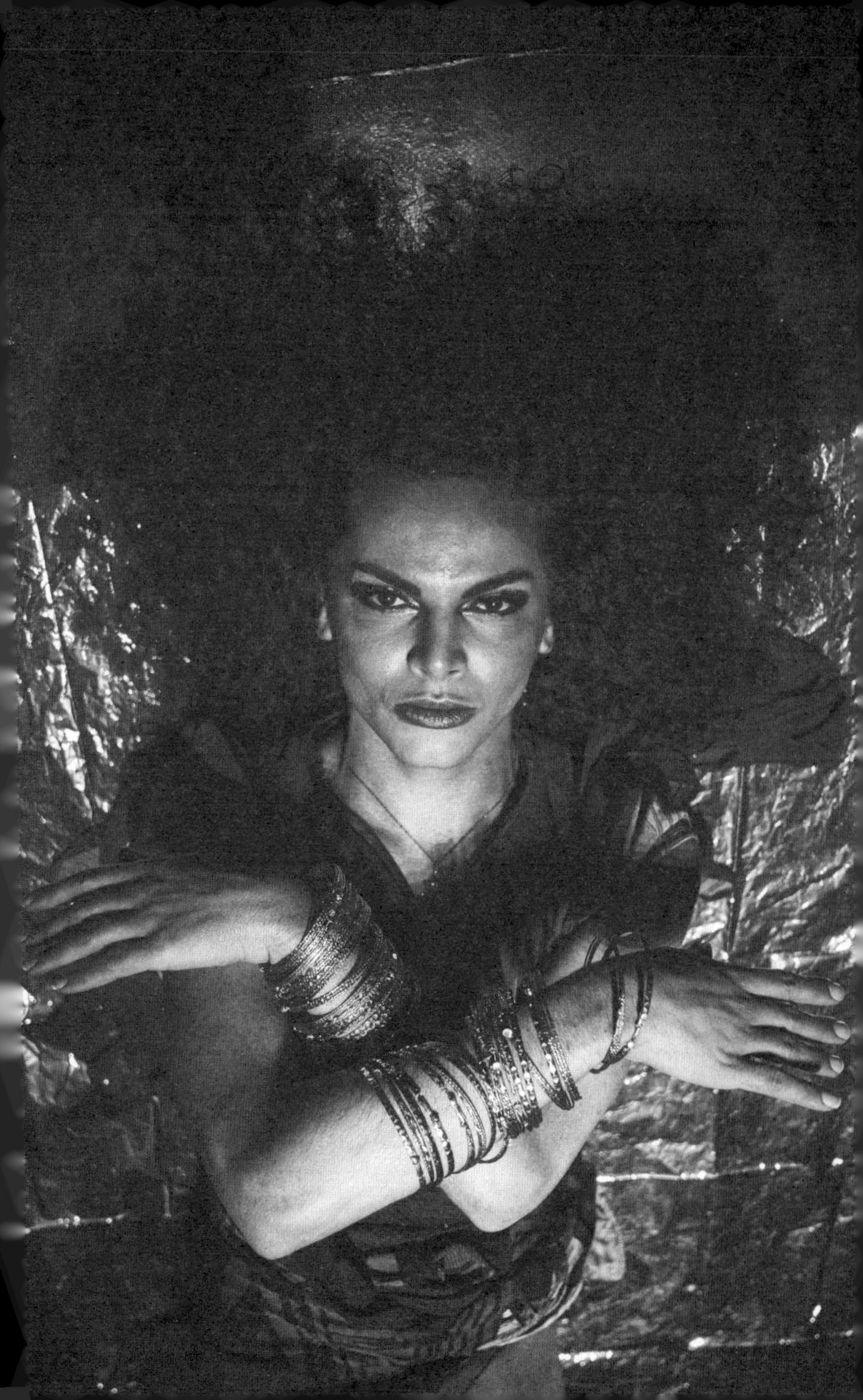

SUMÁRIO

Medeia MMXVI, por Adélia Nicolete   11

MATA TEU PAI   15

Sobre a autora   51

Sobre a diretora   53

Sobre a atriz da primeira montagem   55

Sobre a atriz da segunda montagem   57

Medeia MMXVI

Houve um tempo em que as histórias eram transmitidas oralmente, à volta do fogo. Ombro a ombro, olhos nos olhos, vozes e ouvidos em sintonia — modos de explicar e de compreender a existência das concretudes e de outros fenômenos, do que se passava dentro e fora de si. Em momentos determinados, o que era mito ganhava presença e força no rito, vivenciado coletivamente com celebrações, sacrifícios e festas.

Fixadas na literatura, no teatro, nas artes plásticas, aquelas narrativas e trajetórias míticas conquistaram as prateleiras e as telas de cinema. De certa forma domesticadas, perderam em maleabilidade o que ganharam em portabilidade e alcance. Suas funções, porém, permanecem e uma das principais é atuar como referência, especialmente em situações de mudança ou de crise.

O modo com que deusas e deuses, heroínas e heróis enfrentam os desafios, desproporcionais à medida humana, presta-se a inspirar o nosso próprio enfrentamento. A partir de seus exemplos ancestrais, podemos identificar situações e comportamentos que são arquetípicos, ou seja, modelares da experiência humana, tais como a paixão, a lealdade, o desejo de poder, a traição e a vingança, entre outros. E ao identificar, adquirimos maior capacidade de compreender e de agir, porque nos posicionamos na esteira do processo e não apartados dele. É como se nada do que é humano pudesse escapar do farol ou da mira do mito.

Assim, *Mata teu pai*, a peça de Grace Passô ora publicada, pode ser vista como resultante da busca empreendida pela autora por compreender, ao menos em parte, o contexto em que vivemos à luz do mito de Medeia. Não a protagonista "civilizada" e loquaz dos trágicos ou dos modernos, mas uma anterior, a Medeia Grande-Mãe ctônica, febril, senhora da vida e da morte; meia-irmã de Gaia, da nórdica deusa Freia, de Lilith, a lua escura. Fêmea, fértil, generosa, igualmente impiedosa e sombria, porém. É essa entidade primitiva que Grace conjura para nos auxiliar no enfrentamento do presente.

O conhecimento científico e a racionalidade fracassaram — grassam o machismo e a violência, a intolerância mata um pouco mais a cada dia. Guerras de conquista e alargamento de fronteiras desterram, a maximização dos lucros maximiza a miséria, inunda cidades com água e lama. E o poder constituído pelo voto arroga-se todos os direitos, tornando impunes a traição e a deslealdade, (in)justificadas por uma ética de ocasião. Em suma, o patriarcado agoniza, mas ainda assim prevalece. A quem recorrer senão a Medeia, vingadora, indomável?

Trazida de outros tempos à cena, sua energia é diversa, não se encaixa no discurso lógico, masculino, nem nos limites da quarta parede. Sua fala é lava, jorro incandescente, e não cabe a ela adequar-se às nossas convenções, ao contrário: necessário é o nosso esforço em abandoná-las e a tudo o mais que represente a velha ordem falida. Precisamos ter coragem. A Deusa atendeu ao chamado e se apresenta em sua face mais terrível. Não poderia ser de outra forma se queremos que uma nova ordem se estabeleça.

Seu poder se faz sentir também na dramaturgia. Dessa vez, a poesia de Grace Passô faz voo livre, ora nas alturas da razão, ora nas profundezas do inconsciente e da libido. Peça-partitura a romper com o patriarcado da forma dramática convencional, *Mata teu pai* é constituída de 11 movimentos livres, cada um com atmosfera própria, "*staccati*", ritornelos e didascálias que, em sua maioria, trazem indicações sonoras.

Tal é a autonomia poética do texto, que ele sugere uma intensa parceria criativa de intérpretes, direção e público para que se efetive como dramaturgia, para que o mito seja revivificado. Não mais à volta do fogo, mas com o incêndio à nossa volta, no rito coletivo do teatro.

Adélia Nicolete
Janeiro de 2017

MATA TEU PAI

de **Grace Passô**

O espetáculo *Mata teu pai* estreou às 21 horas do dia 7 de janeiro de 2017 no Espaço Cultural Sérgio Porto, Humaitá, Rio de Janeiro.

Texto
Grace Passô

Direção
Inez Viana

Performance
Debora Lamm

Participação
As Meninas da Gamboa

Direção de produção
Claudia Marques

Direção de movimento
Marcia Rubin

Iluminação
Nadja Naira e Ana Luzia de Simoni

Cenário
Mina Quental

Figurino
Sol Azulay

Caracterização
Josef Chasilew

Direção musical
Felipe Storino

Programação visual
Felipe Braga

Fotos e vídeos
Elisa Mendes

Assessoria de imprensa
Ney Motta

Produção executiva
Luísa Barros

Assistente de produção
Junior Dantas

Realização
Eu + Ela

Produção
Fábrica de Eventos

Um projeto da Cia OmondÉ

Mata teu Pai, ópera-balada estreou no dia 17 de agosto de 2022 no Espaço Cênico do Sesc Pompeia, São Paulo, SP.

Texto
Grace Passô

Direção
Inez Viana

Músicas originais
Vidal Assis

Medeia
Assucena

Vizinhas
Eme Barbassa, Joana dos Santos e Warley Noua

Participação especial
Aivan

Composições sonoras em cena
Barulhista

Interlocução cênica
Fabiano Dadado de Freitas

Iluminação
Sarah Salgado e Guilherme Soares

Cenário
Ailton Barros

Figurino
Kleber Montanheiro

Assistência de figurino
Marcos Valadão

Visagismo
Magô Tonhon

Cabelo
Alex Oniesko

Fotos de estúdio
Angélica Goudinho

Programação visual
André Senna

Gestão de mídias sociais
Rodrigo Menezes

Assessoria de imprensa
Canal Aberto | Márcia Marques

Operação de luz
Guilherme Soares | Iaiá Zanatta

Operação de som
Éder Souza

Catering
Trava Truck | Fernanda Kawani

Produção executiva
Marco Chavarri

Direção de produção
Bem Medeiros

Realização
Eu+Ela Produções Artísticas ME

Acesse as letras das canções de
Mata teu pai, ópera-balada,
por Vidal Assis aqui:

PERSONAGENS

MEDEIA
ELE
ELA
MULHERES
PÚBLICO

A FEBRE

MEDEIA: Preciso que me escutem.

Vou ser breve, não vou demorar.

Vivo aqui, foi aqui que chegaram estes pés.

E também outros:

Logo ali, uma vizinha cubana.

Ali, minha vizinha judia.

Ali, aquela paulista.

Ali, a haitiana.

A mulher síria mora naquela direção.

Eis minha vizinhança: aqui os que são de lá.

Preciso que me escutem, larguem suas bolsas por alguns minutos, é só isso que peço.

As bolsas viraram órgãos do corpo.

Rins, pulmões, fígado, coração e [*som de bomba*] BOLSA.

Se uma bomba estoura aqui, nossos corpos vão ser encontrados abraçados em BOLSAS.

Há muitas bombas estourando pelo mundo.

Já vivi uma tempestade no mar, consigo imaginar uma bomba.

Minha vizinha é uma mulher síria que viveu em bombardeios.

Toda imigrante que encontro pelas ruas, cumprimento.

Compro relógios de haitianas.

Tenho mil relógios parados de baterias gastas.

Uma caixa cheia de carregadores de telefone.

Anéis, anéis, anéis, pulseiras que nem são a minha moda.

Um dia beijei minha vizinha judia na boca, depois de ouvi-la cantar.

A paulista que mora ali ficou me olhando.

Toda imigrante que encontro pelas ruas eu cumprimento, compro o que vende, pergunto se quer água.

Penso sempre nas haitianas.

Terra da gente é terra da gente.

Na minha, por exemplo, tratariam essa febre de outra forma.

Preste atenção, toda exilada olha como se tivesse um segredo.

Os homens riscam um quadrado no chão e pronto, nomeiam um país como se desenhassem suas bolsas no solo e depois colocassem nos ombros como suas.

Mentira. Escravizam outros homens pra carregá-las.

Já pisei várias vezes em fronteiras.

Neste meu pé direito, estamos em tal país, no meu esquerdo, estamos em outro. É patético.

A justiça também, são uns risquinhos que fizeram num livro: isso é justo, isso não é. Tocante.

Imigrantes sabem disso.

Penso sempre nas judias.

A terra é de quem não tem a terra.

Na minha não tratariam essa febre assim.

Toda exilada olha como se tivesse um segredo, presta atenção.

Beijei, sim, a judia e nos sentimos cúmplices.

A paulista que mora ali ficou olhando.

Foi difícil me comunicar com a mulher síria, muito sotaque.

Aqui perto mora uma cubana, como é mesmo seu nome?

A mulher síria me disse que não dorme desde que saiu de lá.

Eu disse a ela que sonho o mesmo sonho em noites diferentes.

No meu sonho EU crio o mar, eu vou molhando a terra e é tão bom.

Penso sempre nas empregadas nordestinas alisando pratos no valor de suas casas.

Terra da gente é terra da gente.

A paulista que mora ali tem uma empregada que é nordestina.

Na minha terra, tratariam essa febre com uma simpatia que não existe aqui.

Um dia me tranquei no banheiro só pra falar a palavra mãe. Saudade.

Na minha terra tem fruta que só existe lá.

Ninguém chora com aquela música, EU choro com aquela música.

O sal não é o mesmo em todos os lugares.

Fora que é exaustivo ter que contar a sua história toda vez quê.

Alguém me pergunta de onde vim e meu olho se enche.

Aqui, sempre me perguntam de onde eu vim, como que pra me lembrar.

A paulista que mora ali só me pergunta isso.

Penso sempre nas hidrelétricas dando fim a cidades. Na lama.

Terra da gente é terra da gente.

Na minha, tratariam essa febre de outro jeito.

Ainda sinto o cheiro de árvores que não existem aqui.

Minha memória vive afogada, mas às vezes aparece na superfície.

Lembro de gestos, risos, rostos que não vejo há mais de trinta anos.

[*lembrando-se*] Laura Barrios é o nome da cubana.

Não sei o nome da paulista que mora ali. Nem quero saber.

Queria sentir o gosto daquela fruta de lá, trepar naquela árvore, que fim levou a professora?

Vocês escutaram tudo que eu disse até aqui?

Mulheres preparam algo para a febre de Medeia.

Eu não falo muito, não, eu nunca falo muito, é essa febre.

Na minha terra, tratariam essa febre com uma simpatia que não existe aqui.

Elas dizem que essa simpatia vai me fazer bem.

[*para mulheres*] Vocês estão me escutando?

Vocês conhecem aquela paulista que mora ali?

Sonho o mesmo sonho em noites diferentes, isso acontece com vocês?

Nasceram aqui?

[*para uma delas*] Posso te chamar de mãe, preciso dizer essa palavra.

Eu não falo muito, é essa febre.

Eu não acredito nessa simpatia, a verdade é que não acredito nessa simpatia.

Preciso dizer mãe...

A vida ganhou de mim.

Antigamente eu era feliz em silêncio, não falava muito assim.

Preciso que me escutem.

Em delírio febril.

Toda imigrante que encontro pelas ruas, cumprimento.

A paulista que mora ali está me olhando.

Um dia beijei minha vizinha judia na boca, depois que ela cantou pra mim.

Toda exilada olha como se tivesse um segredo.

Penso sempre nas haitianas.

Terra da gente é terra da gente.

A paulista que mora ali está me olhando.

Sonho o mesmo sonho em noites diferentes.

A paulista que mora ali está me olhando.

Quero sentir o gosto daquela fruta, trepar naquela árvore, que fim levou a professora? Vocês escutaram tudo que eu disse até aqui?

Foi difícil me comunicar com a mulher síria, muito sotaque.

A paulista que mora ali está me olhando.

Há muitas bombas estourando pelo mundo.

Tenho mil relógios parados de baterias gastas.

Uma caixa cheia de carregadores de telefone.

Anéis, anéis, anéis, pulseiras que nem são a minha moda.

A terra é de quem não tem a terra.

Eu não falo muito, é essa febre.

A vida ganhou de mim.

Preciso dizer mãe...

Por que eu saí daí?

Mãe, mãe, mãe...

A paulista que mora ali está me olhando...

Mulheres molham Medeia, remédio para a febre.

Medeia entoa um canto judaico.

A PAIXÃO

O sonho de Medeia. Mar de prazer.

Sonho o mesmo sonho em noites diferentes. No sonho, ele nada, brinca de botar os pés pra cima, engole água enquanto ri. Às vezes ele é mulher, às vezes é homem, mas é sempre ele. Às vezes é uma baleia ou uma sereia, mas é sempre ele. Às vezes é polvo, ostra, cavalo-marinho, peixe, carpa, água-
-viva, mas é sempre meu marido. Sempre que ele aparece, gozo. Quando ele mergulha, gozo. Quando chama por mim, também. Quando ele se afoga por segundos, gozo ainda, sempre mais, é sério. No meu sonho, EU crio o mar, vou molhando a terra

e é tão bom. Às vezes meu irmão passa num *jet ski*, faz ondas na água.

Olho pra margem, pra onde tem areia: as mulheres da minha terra estão em festa, não essa festinha tola que tem aqui, a minha terra é que tem festa de verdade. Minhas amigas dançam com os pés na areia, mandam beijos pra nós, jogam serpentinas que não alcançam nem a mim nem ele. E eu gozo tanto, mas tanto, que homens criam barcos pra navegar na minha água. Ele me olha com tanto orgulho, aí que eu faço mais água, e quando já não é mais possível suportar minha alegria...

Ouve-se uma bomba. Desperta.

Desperto.

A MATERNIDADE

Um mar de bombas que estouram. Como numa guerra.

A mulher síria me disse que está grávida.

E pior.

Disse que não vai tirar.

Não estou contando essas coisas pra atrasar vocês pra festa, não sou desse tipo.

Eu disse à mulher síria que ela pode pensar melhor, sim, é difícil, corre o risco de ela se deitar num açougue, mas ela pode pensar melhor.

Eu disse a ela que terá que se endividar. Que nada, absolutamente nada, irá protegê-la. Mas que conheço algumas que fizeram o mesmo e encontraram lugares dignos. A mulher paulista ficou me olhando dizer aquelas coisas. Não conseguiu disfarçar uma câimbra na sobrancelha, parecia horrorizada. Falei com a mulher síria. Expliquei, fiz gestos, muitos gestos, ela precisava se preparar. Disse: eu vou te ajudar. Cuido das outras crianças, acompanho até o lugar, a testemunha é prima da segurança.

Ela não teve dúvida. Eu olhei dentro dos olhos dela e sei que ela não teve dúvida, eu sei olhar nos olhos de alguém. Mas ela tem medo. Quer tirar a criança, mas tem medo.

Porque a verdade é que ela não quer, não, ela não quer ter essa criança. Todas as vezes que a mulher síria fala da sua gravidez, as suas costas pesam, ela já tem outros pra carregar nos braços, seus pés ainda nem reconhecem este chão, ela está sozinha com seus filhos, tem dificuldade pra se comunicar aqui, terra da gente é terra da gente.

Tira isso do teu ventre, mulher, tira isso das tuas costas, dos teus rins, pulmões, fígado, coração e.

Uma última bomba.

A SORORIDADE

Contei a Laura Barrios que, um dia, meu irmão bateu no meu marido. Deu pontapés, socos no estômago, arrancou cabelos, quebrou seus dentes. Todos.

Contei a Laura Barrios que peguei meu marido nos braços e fugi da minha cidade.

Contei à cubana que tudo, exatamente tudo que queria, era rever o rosto da minha mãe.

Contei que não posso mais voltar à terra em que nasci.

Contei quem matei.

Pra ela, contei.

Contei pra mulher síria que foi meu marido que me pediu filhas.

Por isso a mulher síria me contou que está grávida.

Contei a ela que quero ligar as trompas.

Não contei que matei. Pra ela, não.

Não consegui contar nada à judia. O beijo durou muito tempo.

Queria ter contado que já matei. Pra ela, sim.

Pra mulher paulista, contei que logo que cheguei aqui cinco homens tentaram nos assaltar. [*refere-se a uma parte do público*] Como se todas vocês aqui.

Bêbados. Falavam alto, riam, cobriam meu desespero com um terno frio.

Contei à mulher paulista que, antes de irem embora, rasgaram minha roupa. Um me empurrou pro chão, me mandou abrir as pernas. Que o prazer deles era olhar nos olhos do meu marido, não nos meus. De mim, só a carne.

Contei pra mulher paulista que uma cadela da rua não parava de latir, latir, latir, latir, latir, latir.

A mulher paulista disse: eu imagino a dor do seu marido. Foi isso que ela me disse, ela disse: eu imagino a dor do seu marido.

Então, preferi não contar que matei.

Que matei meu irmão.

Ouve-se uma cadela latindo ferozmente.

Ele bateu no meu marido. Deu pontapés, socos no estômago, arrancou cabelos, quebrou seus dentes. Todos. Não queria me deixar sair de lá.

Só as prostitutas que se apaixonam verdadeiramente pelos clientes me entendem. As transexuais que se deitam um dia numa cama pra mudarem seu corpo. As terroristas diante das Torres Gêmeas também. [*endereçando ao público*] Não estou contando essas coisas pra convencê-las de não irem a essa festa do pai de vocês, não sou desse tipo. Vocês vão se quiserem, não são mais crianças. Estou contando tudo isso pra vocês porque eu sou Medeia. E vocês, se ainda não sabem, vocês são minhas filhas. Conhecem a história da mãe de vocês?

A cadela silencia.

A AMIZADE

Enquanto carrega o corpo de uma das mulheres para pôr no colo e dar de mamar, diz para suas filhas.

No dia que nos assaltaram, vocês estavam lá, eu segurava vocês pelas mãos, uma de vocês estava no meu colo, antes de eu cair, uma de vocês estava no colo. Eu, deitada no chão, mirei o olho de uma cadela que não parava de latir, latir, latir, latir, latir. Nós nos olhamos profundamente. E eu olhei tão fundo em seus olhos que ela voou em cima dos homens. Ouviu meu socorro. Um fugiu ainda sem calças. O pai de vocês não consegue falar sobre isso, mas eu, sim. Não estou contando essas coisas pra convencê-las de não irem a essa festa, já disse que não sou desse tipo.

Silêncio.

A mulher síria concordou em abortar. Escrevi, eu mesma, no papel, as referências que tenho. Todos os contatos da amiga que fez e se saiu bem. Ela me disse: quero tirar este bebê. Nós nos olhamos profundamente. Eu olhei a mulher síria.

Faz do mesmo modo como fez com a cadela.

Eu olhei e disse: anda, vamos tirar isso do teu ventre, mulher, tirar isso das tuas costas, dos teus rins, pulmões, fígado, coração e. Ela disse: sim.

Breu.

Dar à luz e tirar a luz. Como uma mulher.

A CADELA

Ainda com o corpo da mulher no colo, agora desfalecido.

Dei um soco na mulher paulista. [*refere-se ao corpo em seus braços*] Podem ir pra festa do pai de vocês, eu cuido disso aqui. Acorda! Acorda! Merda!

Eu sei que agora tô sozinha, que tenho vocês pra criar, que o pai de vocês tá feliz, que a cidade tá em festa, que eu não tô, que ele tá com outra pessoa, não precisa vir aqui me falar isso. Pensa que eu não sei? Ela acha o quê? Que eu vou dizer pra odiarem a mulher que tá com o pai de vocês? Sim, ele me disse que é uma mulher.

A paulista quer que eu diga a vocês, sabe o que ela quer que eu diga? Ela quer que eu diga a vocês que vocês têm uma madrasta e que madrastas são más, não, da minha boca vocês não vão ouvir isso. Tá na hora de rever o ângulo da história, o erro é dele.

Ela quer me ver louca, é isso que ela quer. [*irônica*] Ela quer que eu diga que tô em febre porque fui "largada". Ela quer que eu diga que tô tão insana que sou capaz de matar a mulher que tá com o pai de vocês. Mas é ele que tem que morrer! Se vocês tivessem, de verdade, a justiça dentro do coração de vocês, vocês o matariam. Eu fui torturada. Eu tive que fugir da minha terra. Eu carreguei ele nos braços. Tudo tá difícil pra todas nós, mas sou eu que crio vocês, eu dei de mamar, foi daqui que saiu o leite, eu que invento programas pra vocês crescerem como gente. Eu arrumei emprego pro pai de vocês. Eu. [*como latidos de cadela*] Se vocês carregassem a justiça no peito o matariam, sim, vocês o matariam, por que vocês não matam? Por quê? Por quê? Por quê?

Uma bomba. A mulher desfalecida acorda subitamente.

MULHER: Eu não sou paulista. Vim do Nordeste. Se na terra não cabem os meus, parto pra outra. Minhas mãos estão cheias de muitas terras. Alisei pratos no valor de minha casa. Criei sozinha minhas filhas. Já fiz aborto. Já amei uma mulher. Tenho saudade da minha terra. Tenho saudade da minha mãe. Me masturbo.

ELA E ELE

As mulheres preparam uma festa com coisas de explodir. Medeia diz para as mulheres.

MEDEIA: Já sei que é mulher a pessoa que está com meu marido. Já sei que é a prefeita, então cadê ela? Já sei que é negra, que ganhou, é prefeita da cidade. Todos votaram nela, não é? Eu não voto aqui. Ele também não.

Sei que é conquista dela, sei que é forte, da inteligência, sei que já limpou minha casa, sei, foi empregada, mas vim aqui reescrever a história. [*desculpando-se*] Se não me lembro do rosto dela é porque no meu sangue corre a doença do opressor. Ainda. Demora tempo pra ensinar o sangue, calma. [*refere-se ao público*] Minhas filhas tão aqui, tô aqui diante delas, vê isso? Tô aqui as ensinando a rever nosso mundo. [*para o público*] Olha, gente, nenhuma de nós se lembra do rosto da mulher que limpou um dia a nossa casa. Vocês se lembram? É ela que vive com o pai de vocês agora.

Para as mulheres.

Sei o que dizem por aí, o que já foi publicado, o que corre de boca em boca. O que picham nos muros. Que eu vou matá-la. Mas eu vim aqui pra dizer que por ela não sinto nada, eu juro. Não vem dela minha febre. É dele que vem. E eu só quero dizer que por mais que esteja escrito por aí, não, eu não vou matá-la. Nunca pensei nisso. Posso cometer outros crimes, cada palavra que sai daqui é de honestidade profunda, eu juro, não sei do que sou capaz, tenho febre, mas a ela não desejo mal, não, não desejo. Desejo só dizer sobre ele, ele é o feitiço ruim. Que se ela chegou onde chegou, se agora tem poder, se lutou contra todos os temperos sórdidos dessa tradição, não merece estar do lado dele. Me deixem vê-la, deixa eu mesma contar a minha história, me escrever, eu estou aqui, não tem passado nessas minhas palavras, eu sou Medeia de verdade, deixa eu mesma me contar. Não tem por que ela mandar um motoboy na minha casa, dizendo que é preu sair de perto, avisando que já fez B.O., que se alguma coisa acontecer meu nome já tá citado na polícia.

Não vem dela minha febre! [*ainda para mulheres*] Responde! Alguém responde! O que é? Precisam responder ao mesmo tempo? Não podem sair desse uniforme de silêncio? As massas morreram, não sabem? Parece até que vão cantar o Hino Nacional, ainda acreditam em patriotismo? Cadê?

Ela tira uma arma de si.

... Cadê, multidão, suas palavras sobre o que eu digo, cadê vocês discordando umas das outras, criando opiniões diferentes entre si, precisam DELA pra emitir alguma opinião? Vivem por aí produzindo cidadãs, mas nada de ser uma delas. Mataria vocês. Não ELA.

A FESTA

Medeia dá a arma para uma mulher do público.

[*mostra o lugar*] Ele vai chegar aqui. Em poucos minutos ele vai aparecer ali. [*referindo-se às mulheres*] Elas vão receber o pai de vocês com bebidas, música, vão dizer que a festa está linda. Ele vai perguntar se vocês estão bem, se estão sendo bem tratadas, ele vai ser doce com vocês, vai dizer que ama cada uma de vocês mesmo estando tanto tempo sem aparecer. Vai fazer algumas piadas, sorridente, vocês conhecem bem o pai de vocês. Vai falar alto por causa do volume da música. Vai sentar do ladinho de vocês, em algum desses lugares aqui, [*sofre*] porque sabe que a gente não suporta a ausência dele. Deve trazer algum presente. [*com desprezo e ironia*] Uma roupa bonita pra vocês se apresentarem bem nessa festa e ele se sentir orgulhoso. [*em desespero*] E a gente vai olhar pra ele, vai temer a saudade, e de novo e por quanto tempo mais a gente vai suportar esse homem que só está entre nós na ausência? E continuar essa história por tempos e tempos, e vocês vão crescer e caçar por aí alguém que negue o que ele foi?

Olha pra mim! Muda essa história! Para de achar que a gente é um destino, muda essa história. Tem bala aí. E tem gatilho. Tem eu aqui, agonizante, tem meus peitos explodindo. De leite e de dor. Tem você. Mulher como eu. Filha. Tem bala aí. Tem ele que vai chegar. Tem teu braço que você vai levantar e apontar pra ele, tem tua mira. Tem essas palavras que estou dizendo há horas pra vocês e se precisar digo de novo, e de novo, e de novo, muda essa história. Tem bala aí. E tem gatilho também. Mata.

Sons de tiros inauguram a festa. Música. Mulheres dançam, em festa. As filhas esperam pelo pai.

O AMOR

[*doce*] Toma, fiz essa bebida.

Dá a bebida e pega a arma das mãos da mulher do público.

Tem casaco, se tiverem frio. Eu não sei se vocês se lembram, mas foi pra mim que vocês perguntaram ainda quando nem sabiam falar direito, o que é amor. E eu disse. Eu me prestei a isso. Alguém precisava nomear o mundo pra vocês. Mas não é a palavra amar, não, não é. Nada que eu tente dizer sobre isso que sinto pode ser entendido por vocês. Não existe palavra. Até pro mar, amar diz demais. Viram o pai de vocês?

Silêncio.

Nem viram ele chegar aqui, não é? Vocês estão cegas. É essa a verdade. Vocês são difíceis. Vocês teimam. Vocês me exigem. Vocês falam bobagens. Vocês desejam demais. Vocês acreditam demais em mim. Só porque estou aqui, ficam me escutando como se eu só falasse verdades, isso é sufocante. Eu fico aqui, gritando, eu falo, mas vocês não me escutam, não, não me escutam porque vocês já desistiram, só resta a vocês compaixão. Vocês mudam algumas palavrinhas de seus vocabulários pra dizer que acham injusto esses mesmos homens de sempre, mudam alguns pequenos jeitos de se vestirem, uma ou outra coragem nasce em algum minuto, mas romper mesmo, abraçar a justiça com verdade, isso vocês não fazem. É sempre de nós que o mundo espera, presta atenção. De nós esperam os filhos, de nós esperam amor e amor e amor, de nós esperam a força descomunal, o trabalho, dentro e fora de casa, de nós esperam o gozo, a beleza, até o mistério. E nós acreditamos nisso. É ridículo. Tanto que adoecemos de amor por pessoas que nem amamos. Mas eu não vou me matar. Juro.

Aponta a arma para si.

Contei a Laura Barrios minha história.

Contei partes para a mulher síria.

As histórias que ouvi do Haiti me fizeram ter vergonha do tamanho das minhas revoluções.

Contei a vocês? Ou não sabem a história da mãe de vocês? Picham por aí que sou capaz de matar minhas filhas se a flor da minha pele engordar. Os reacionários fofocam que vivo persuadindo a vizinhança. Os retrógrados ficam olhando pro tamanho das minhas saias.

Pega um spray e picha: SOU DO TAMANHO DO AMOR.

Isso ninguém diz. Acham que o amor é carinho? Que a tinta dele é doce? Que engano me traduzir pela raiva, que desprezo, como se meu nervo não merecesse respeito, meu nervo ama. [*para mulheres do público*] E se não contei antes pra vocês que, sim, eu sou capaz de matá-las, é porque eu também as amo. Pensa bem:

Ele vai chegar aqui. Em poucos minutos ele vai aparecer ali. Eu tenho certeza. Ele vai perguntar se vocês estão bem, se estão sendo bem tratadas, [*irônica*] porque a mãe de vocês tem estado muito nervosa. Ele vai ser doce com vocês, vai dizer que ama cada uma de vocês mesmo estando tanto tempo sem aparecer. Vai fazer algumas piadas, sorridente, vocês conhecem bem o pai de vocês. Vai sentar do ladinho de vocês, em algum desses lugares aqui, porque sabe, porque sabe... Deve

trazer algum presente. Fotos antigas da gente na praia, [*irônica*] coisinhas tolas pra realçar suas belezas. [*em desespero*] E a gente vai olhar pra ele, vai temer a saudade, e de novo e por quanto tempo mais a gente vai suportar esse homem que só está entre nós na ausência? E continuar essa história por tempos e tempos, e vocês vão crescer e caçar por aí alguém que seja exatamente a mesma coisa porque vocês não vão conseguir se amar, olha pra mim! Tem bala aqui. E tem gatilho. Tem eu aqui, agonizante, tem meus peitos explodindo. De leite e de dor. Tem você. Mulher como eu. Filha. Tem meu braço que EU vou levantar, a minha mira. Tem essas palavras que estou dizendo há horas pra vocês e se precisar digo de novo, e de novo, e de novo. [*como uma promessa*] Ele que vai chegar aqui e vai ver seus corpos frios. [*vacilante*] Lindos e frios. [*como uma promessa*] Ele vai ser obrigado a entender minha dor, porque a minha dor é do tamanho disso que eu vou fazer. Ele vai ter que enterrar vocês, enterrar sua própria carne. Eu fujo daqui, oxalá o sol vai me guiar. Minha história muda de rumo, eu desfaço esse nó de raiva, de sangue, esse nó de injustiça que eu não tolero. [*como latidos de cadela*] Eu fui torturada. Eu tive que fugir da minha terra. Eu carreguei ele nos braços. Eu dei de mamar, foi daqui que saiu o leite. Eu. Eu preciso matar vocês.
[*sobre os próprios seios*] Tem bala aqui. De leite e de dor.

A febre retorna.

Tem essa injustiça que é esse pai que pode ser ausente.

Tem esse ausente que é esse pai que pode ser injusto.

Ele vai ter que enterrar vocês, enterrar sua própria carne. Rins, pulmões, fígado, coração e.

Eu fujo daqui. Síria, Haiti, Cuba, já pisei várias vezes em fronteiras.

Penso sempre nas haitianas. Vendo relógios, anéis, anéis, anéis, pulseiras de qualquer moda. Oxalá!

Eu não falo muito, não, eu nunca falo muito, é essa febre.

Minha história mudou de rumo, já sinto o cheiro de árvores que não existem aqui.

Eu desfaço esse nó. Eu.

Eu preciso matar vocês.

Meus amores.

AS ESTRANGEIRAS

Uma mulher nos braços de Medeia, a mulher síria. Ao lado, a mulher cubana e a mulher haitiana. Medeia beija a mulher síria. Fala com dificuldade de estrangeira para elas.

    Pienso en Cuba. Pienso en Haiti. Pienso que en Siria.

    Mis pies ya se pueden imaginar el suelo de ustedes.

Ouvem a barriga da mulher síria. Medeia entoa um canto judaico.

AS FILHAS DE MEDEIA

Medeia, com uma metralhadora. Ouvem-se latidos ferozes de uma cadela. Medeia, doce.

>Quando vocês nasceram, eu enxergava um futuro.
>
>Quando vocês nasceram, vocês eram tão lindas, mas tão lindas, que eu via a beleza em qualquer soluço.
>
>Quando vocês nasceram, eu não dormia, mas eu sonhava desperta.
>
>[*doce, para mulher da plateia*] Quer mais chá? Tem sede? Tem frio? Tem amor por mim?
>
>Anda.
>
>Coloque suas mãos contra a parede.
>
>Ou separe as pernas.
>
>Não vire o rosto pra mim.
>
>Anda.
>
>Fecha os olhos.
>
>Tá fazendo o que aqui, uma hora dessas, não sabia que aqui é perigoso?
>
>Fique na tua casa.
>
>A noite é perigosa para as mulheres.
>
>Você não vai ter filhos?
>
>[*vacilante*] Me desculpem, por favor.
>
>E de novo nos sacrificamos. E de novo nós damos e tiramos a luz, e de novo o trabalho é nosso.

Este é o ato mais maternal que posso dar a este mundo lamacento, vendido, injusto, capitalista, militar, patriarcal. Este é o ato mais maternal que posso dar a este mundo, minhas filhas, ser.

Uma.

Indomável.

Mulher.

Medeia aponta a metralhadora para a plateia. Breu. Tiros ensurdecedores de metralhadora.

***

Grace Passô
Brasil, 2016, ano inesquecível.

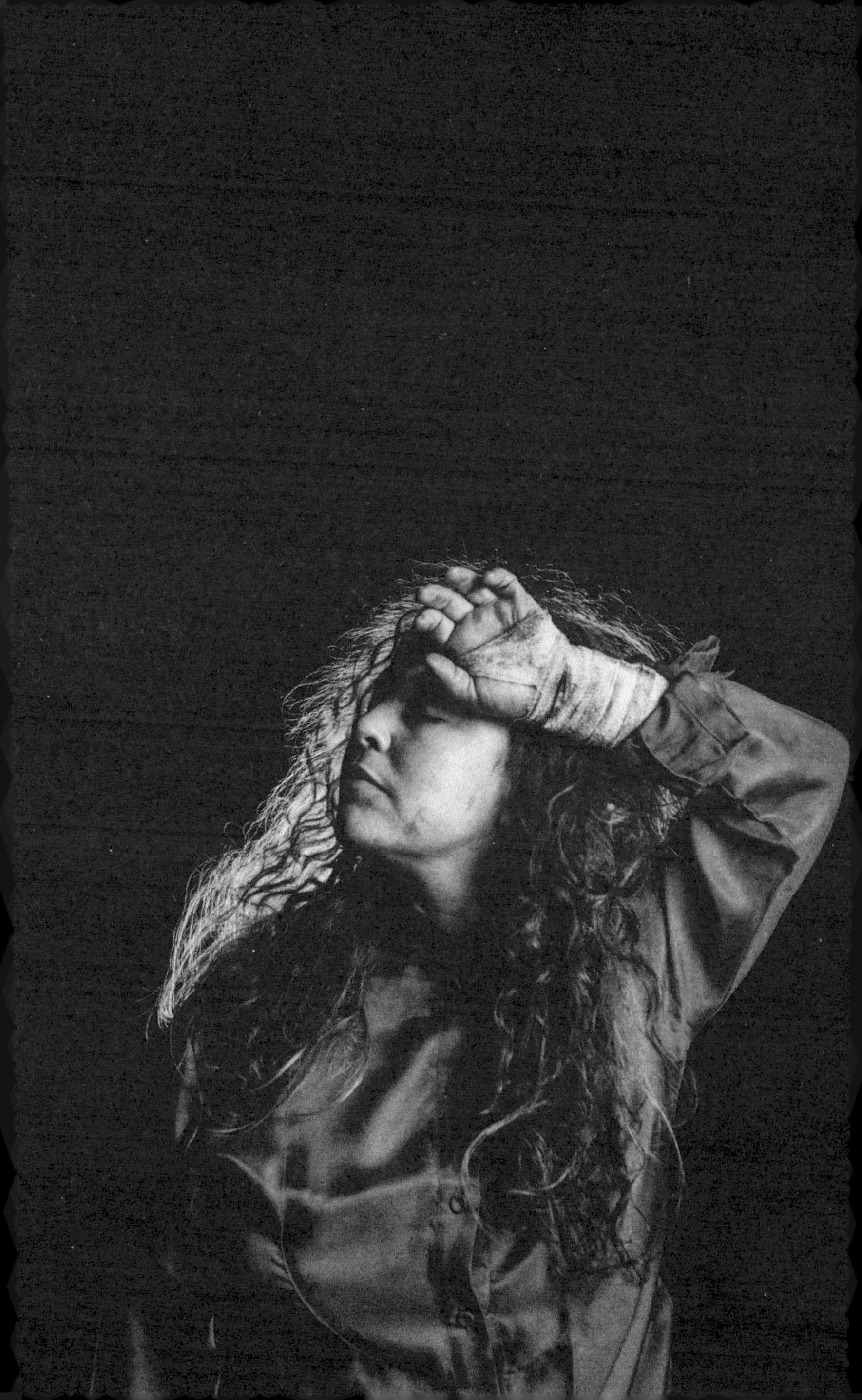

Sobre a autora

Grace Passô nasceu em Belo Horizonte, em 1980. É dramaturga, diretora e atriz. Estudou no Centro de Formação Artística da Fundação Clóvis Salgado, em Belo Horizonte. Foi cronista do jornal *O Tempo* (MG) e atuou em companhias teatrais de Belo Horizonte, como a Armatrux, a Cia. Clara e o grupo espanca!. É autora de diversas peças, como *Mata teu pai* (2017), com a qual ganhou o prêmio Cesgranrio de Melhor Texto Nacional Inédito em 2018; *Marcha para Zenturo* (2010); *Amores surdos* (2006), com a qual ganhou o Prêmio Shell de melhor texto em 2007; e escreveu e dirigiu *Congresso Internacional do Medo* (2008) e *Por Elise* (2005), peça esta que lhe rendeu os prêmios APCA e SESC/Sated de melhor dramaturga, em 2005, e o Prêmio Shell de melhor texto em 2006. Dirigiu, ainda, *Os bem-intencionados* (2012), do grupo Lume (SP), e *Os ancestrais* (2014), texto de própria autoria com o Grupo Teatro Invertido (MG). Entre os trabalhos como atriz estão os espetáculos *Krum* (2015), dirigido por Marcio Abreu, e *France du Brésil* (2009), dirigido por Eva Doumbia, em Marselha, França.

No audiovisual, atuou em filmes como *Temporada* (2018), de André Novais, quando recebeu o prêmio Candango de Melhor Atriz no Festival de Brasília do Cinema Brasileiro e o prêmio de Melhor Atriz no Festival de Turim, na Itália; *No coração do mundo* (2019), de Gabriel Martins e Maurílio Martins; e *Vaga carne*, que dirigiu em parceria com Ricardo Alves Jr. Em 2023, foi uma das roteiristas — juntamente com Jaqueline Souza e Renata Martins — de *Histórias Impossíveis*, parte do projeto *Falas Femininas*, da TV Globo.

Sobre a diretora

Inez Viana nasceu no Rio de Janeiro, em 1965. Começou a carreira artística como atriz em 1984, depois, em 2007, tornou-se diretora teatral, professora e, recentemente, em 2018, publicou sua primeira dramaturgia, *A última peça*, pela Editora Cobogó. Trabalhou com grandes diretores e diretoras da cena brasileira, como Aderbal Freire-Filho, Sérgio Britto, Enrique Diaz, Marcio Abreu, Cristina Moura, Danilo Grangheia, Guilherme Piva, Denise Stutz, Georgette Fadel, entre outres. Em 2009, fundou, junto com oito atrizes e atores, a Cia OmondÉ, que já tem oito peças montadas. Fora da companhia, dirigiu outros dez espetáculos.

Inez já foi indicada diversas vezes a prêmios como Shell, APTR, Questão de Crítica, APCA e Prêmio do Humor. Recebeu dois Prêmio Contigo de Melhor Direção (júri oficial e popular) por *As conchambranças de Quaderna*; um prêmio FITA de Melhor Direção por *Os mamutes*; um Prêmio Questão de Crítica de Melhor Elenco por *Krum*; e o Prêmio Qualidade Brasil de Melhor Atriz por *A mulher que escreveu a Bíblia*.

Por dezesseis anos, Inez Viana manteve uma profícua parceria com o escritor Ariano Suassuna em diversos projetos. Dirigiu montagens de *As conchambranças de Quaderna*, em 2009, e *Auto de João da Cruz*, em 2020 — ambos textos inéditos no Sudeste. Além disso, dirigiu, em 1999, o documentário *Cavalgada à Pedra do Reino*, que em 2022 ganhou uma nova edição e um novo parceiro no roteiro, Felipe Gali; idealizou o Primeiro Festival Ariano Suassuna, em 2001, no Espaço Rio Scenarium, e o Encontro com Ariano Suassuna, em 2004, no Sesc Copacabana; foi responsável pela coordenação artística dos 80 anos de Suassuna, em 2007, no Rio de Janeiro, evento produzido pela Sarau Agência de Cultura; e realizou a curadoria das artes cênicas dos 50 anos do Movimento Armorial, realizado pela Universidade Federal Fluminense (UFF), em 2021.

Em 2019, escreveu e dirigiu *Peça para dois atores antes do fim* e, em 2020, escreveu *Partida*, dirigida por Debora Lamm e idealizada por Denise Stutz. Atualmente, prepara uma nova dramaturgia para a Cia OmondÉ, que em 2024 completará 15 anos de existência.

Sobre a atriz da primeira montagem

Debora Lamm nasceu no Rio de Janeiro, em 1978. É atriz e diretora teatral, com mais de quarenta espetáculos no currículo, e uma das fundadoras da Cia OmondÉ, que completa 15 anos em 2024. No teatro foi dirigida por nomes como Domingos Oliveira, Monique Gardenberg, Hamilton Vaz Pereira, Adriano Guimarães, Inez Viana, Ivan Sugahara, César Augusto, Guida Vianna, Cacá Mourthé, Guilherme Leme Garcia, Georgette Fadel. Em 2013, começou na direção de espetáculos, estando à frente de 11 montagens teatrais.

No cinema, Lamm foi protagonista de inúmeros filmes como *L.O.C.A — Liga das Obsessivas Compulsivas por Amor* (2021), de Claudia Jouvin; *Como é cruel viver assim* (2017), de Julia Rezende, pelo qual recebeu uma indicação ao prêmio de Melhor Atriz no Festival Internacional de Cinema da África do Sul; *Muita calma nessa hora* (2010), de Bruno Mazzeo; e *Seja o que Deus quiser* (2002), de Murilo Salles.

Na televisão, atuou em diversas séries e novelas de autores e diretores como Maurício Farias, Dennis Carvalho, Denise Saraceni, José Luís Villamarim, Gilberto Braga, Amora Mautner, Guel Arraes, entre outros, com destaque para as novelas *Quanto mais vida, melhor!* (2022), de Mauro Wilson, e *Amor de Mãe* (2019-21), de Manuela Dias. Em 2022, foi uma das atrizes de *Histórias Impossíveis*, parte do projeto *Falas Femininas*, com autoria de Jaqueline Souza, Grace Passô e Renata Martins.

Durante quatro anos (2005-09), a atriz esteve ao lado de Bruno Mazzeo no programa *Cilada* — com volta ao ar prevista para 2023. Neste mesmo ano, Debora foi uma das protagonistas de *Todo dia a mesma noite*, série ficcional produzida pela Netflix, baseada na tragédia da Boate Kiss.

Sobre a atriz da segunda montagem

Assucena nasceu em Vitória da Conquista, em 1987, no sertão da Bahia, e é cantora, compositora e atriz. *Mata teu pai, ópera-balada*, é sua estreia no teatro, e por sua performance foi indicada ao Prêmio Shell de Teatro 2023 de Melhor Atriz.

A artista tem na bagagem projetos junto com importantes referências da música brasileira. Assucena constrói sua identidade a partir das influências da música baiana — em especial o Tropicalismo —, assim como das mais variadas vertentes da música popular brasileira, em composições e interpretações que dialogam com ritmos diversos como o samba, o rock e a música pop contemporânea. Como cantora, desenvolveu durante seis anos um trabalho com a banda As Baías, que foi indicada duas vezes ao Grammy Latino (2019 e 2020) e conquistou duas categorias, de Melhor Álbum e Melhor Grupo, no 29º Prêmio da Música Brasileira.

Em dezembro de 2021, após um hiato provocado pela pandemia, Assucena voltou aos palcos com a estreia de *Rio e também posso chorar*, um show que nasceu como uma homenagem aos 50 anos de lançamento do álbum *Fa-tal — Gal a todo vapor*, de Gal Costa, um tributo à artista que mais influenciou sua formação. Em 2022, Assucena lançou os primeiros singles de sua carreira solo: a canção autoral "Parti do Alto" e uma releitura-homenagem de "Ela", gravada por Elis Regina há cinquenta anos. Na sequência, lançou "Menino pele cor de jambo" e "Nu", singles que integram seu álbum, previsto para 2023.

© Editora de Livros Cobogó
© Grace Passô

Editora-chefe
Isabel Diegues

Editora da reedição
Aïcha Barat

Editora-assistente
Mariah Schwartz

Coordenação de produção
Melina Bial

Revisão final
Eduardo Carneiro

Projeto gráfico e diagramação
Mari Taboada

Capa
Felipe Braga

Fotos p. 5 e p. 49
Elisa Mendes

Foto p. 7
Bob Souza

CIP-BRASIL. CATALOGAÇÃO NA PUBLICAÇÃO
SINDICATO NACIONAL DOS EDITORES DE LIVROS, RJ

P318m
2. ed.

Passô, Grace, 1980-
Mata teu pai / Grace Passô.- 2. ed.- Rio de Janeiro : Cobogó, 2023.
64 p. ; 19 cm. (Dramaturgia)

ISBN 978-65-5691-100-7

1. Teatro brasileiro (Literatura). I. Título. II. Série.

23-83651   CDD: 869.2
            CDU: 82-2(81)

Meri Gleice Rodrigues de Souza - Bibliotecária - CRB-7/6439

Todos os direitos reservados à
Editora de Livros Cobogó Ltda.
Rua Gen. Dionísio, 53, Humaitá
Rio de Janeiro – RJ – Brasil – 22271-050
www.cobogo.com.br

COLEÇÃO DRAMATURGIA

ALGUÉM ACABA DE MORRER LÁ FORA, de Jô Bilac

NINGUÉM FALOU QUE SERIA FÁCIL, de Felipe Rocha

TRABALHOS DE AMORES QUASE PERDIDOS, de Pedro Brício

NEM UM DIA SE PASSA SEM NOTÍCIAS SUAS, de Daniela Pereira de Carvalho

OS ESTONIANOS, de Julia Spadaccini

PONTO DE FUGA, de Rodrigo Nogueira

POR ELISE, de Grace Passô

MARCHA PARA ZENTURO, de Grace Passô

AMORES SURDOS, de Grace Passô

CONGRESSO INTERNACIONAL DO MEDO, de Grace Passô

IN ON IT | A PRIMEIRA VISTA, de Daniel MacIvor

INCÊNDIOS, de Wajdi Mouawad

CINE MONSTRO, de Daniel MacIvor

CONSELHO DE CLASSE, de Jô Bilac

CARA DE CAVALO, de Pedro Kosovski

GARRAS CURVAS E UM CANTO SEDUTOR, de Daniele Avila Small

OS MAMUTES, de Jô Bilac

INFÂNCIA, TIROS E PLUMAS, de Jô Bilac

NEM MESMO TODO O OCEANO, adaptação de Inez Viana do romance de Alcione Araújo

NÔMADES, de Marcio Abreu e Patrick Pessoa

CARANGUEJO OVERDRIVE, de Pedro Kosovski

BR-TRANS, de Silvero Pereira

KRUM, de Hanoch Levin

MARÉ/PROJETO bRASIL, de Marcio Abreu

AS PALAVRAS E AS COISAS, de Pedro Brício

MATA TEU PAI, de Grace Passô

ÃRRÃ, de Vinicius Calderoni

JANIS, de Diogo Liberano

NÃO NEM NADA, de Vinicius Calderoni

CHORUME, de Vinicius Calderoni

GUANABARA CANIBAL, de Pedro Kosovski

TOM NA FAZENDA, de Michel Marc Bouchard

OS ARQUEÓLOGOS, de Vinicius Calderoni

ESCUTA!, de Francisco Ohana

ROSE, de Cecilia Ripoll

O ENIGMA DO BOM DIA, de Olga Almeida

A ÚLTIMA PEÇA, de Inez Viana

BURAQUINHOS OU O VENTO É INIMIGO DO PICUMÃ, de Jhonny Salaberg

PASSARINHO, de Ana Kutner

INSETOS, de Jô Bilac

A TROPA, de Gustavo Pinheiro

A GARAGEM, de Felipe Haiut

SILÊNCIO.DOC, de Marcelo Varzea

PRETO, de Grace Passô, Marcio Abreu e Nadja Naira

MARTA, ROSA E JOÃO, de Malu Galli

MATO CHEIO, de Carcaça de Poéticas Negras

YELLOW BASTARD, de Diogo Liberano

SINFONIA SONHO, de Diogo Liberano

SÓ PERCEBO QUE ESTOU CORRENDO QUANDO VEJO QUE ESTOU CAINDO, de Lane Lopes

SAIA, de Marcéli Torquato

DESCULPE O TRANSTORNO, de Jonatan Magella

TUKANKÁTON + O TERCEIRO SINAL, de Otávio Frias Filho

SUELEN NARA IAN, de Luisa Arraes

SÍSIFO, de Gregorio Duvivier e Vinicius Calderoni

HOJE NÃO SAIO DAQUI, de Cia Marginal e Jô Bilac

PARTO PAVILHÃO, de Jhonny Salaberg

A MULHER ARRASTADA, de Diones Camargo

CÉREBRO_CORAÇÃO, de Mariana Lima

O DEBATE, de Guel Arraes e Jorge Furtado

BICHOS DANÇANTES, de Alex Neoral

A ÁRVORE, de Silvia Gomez

CÃO GELADO, de Filipe Isensee

PRA ONDE QUER QUE EU VÁ SERÁ EXÍLIO, de Suzana Velasco

DAS DORES, de Marcos Bassini

VOZES FEMININAS — NÃO EU, PASSOS, CADÊNCIA, de Samuel Beckett

PLAY BECKETT — UMA PANTOMIMA E TRÊS DRAMATÍCULOS (ATO SEM PALAVRAS II | COMÉDIA/PLAY | CATÁSTROFE | IMPROVISO DE OHIO), de Samuel Beckett

MACACOS — MONÓLOGO EM 9 EPISÓDIOS E 1 ATO, de Clayton Nascimento

A LISTA, de Gustavo Pinheiro

SEM PALAVRAS, de Marcio Abreu

COLEÇÃO DRAMATURGIA ESPANHOLA

A PAZ PERPÉTUA, de Juan Mayorga | Tradução Aderbal Freire-Filho

ATRA BÍLIS, de Laila Ripoll | Tradução Hugo Rodas

CACHORRO MORTO NA LAVANDERIA: OS FORTES, de Angélica Liddell | Tradução Beatriz Sayad

CLIFF (PRECIPÍCIO), de José Alberto Conejero | Tradução Fernando Yamamoto

DENTRO DA TERRA, de Paco Bezerra | Tradução Roberto Alvim

MÜNCHAUSEN, de Lucía Vilanova | Tradução Pedro Brício

NN12, de Gracia Morales | Tradução Gilberto Gawronski

O PRINCÍPIO DE ARQUIMEDES, de Josep Maria Miró i Coromina | Tradução Luís Artur Nunes

OS CORPOS PERDIDOS, de José Manuel Mora | Tradução Cibele Forjaz

APRÈS MOI, LE DÉLUGE (DEPOIS DE MIM, O DILÚVIO), de Lluïsa Cunillé | Tradução Marcio Meirelles

COLEÇÃO DRAMATURGIA FRANCESA

É A VIDA, de Mohamed El Khatib | Tradução Gabriel F.

FIZ BEM?, de Pauline Sales | Tradução Pedro Kosovski

ONDE E QUANDO NÓS MORREMOS, de Riad Gahmi | Tradução Grupo Carmin

PULVERIZADOS, de Alexandra Badea | Tradução Marcio Abreu

EU CARREGUEI MEU PAI SOBRE MEUS OMBROS, de Fabrice Melquiot | Tradução Alexandre Dal Farra

HOMENS QUE CAEM, de Marion Aubert | Tradução Renato Forin Jr.

PUNHOS, de Pauline Peyrade | Tradução Grace Passô

QUEIMADURAS, de Hubert Colas | Tradução Jezebel De Carli

COLEÇÃO DRAMATURGIA HOLANDESA

EU NÃO VOU FAZER MEDEIA, de Magne van den Berg | Tradução Jonathan Andrade

RESSACA DE PALAVRAS, de Frank Siera | Tradução Cris Larin

PLANETA TUDO, de Esther Gerritsen | Tradução Ivam Cabral e Rodolfo García Vázquez

NO CANAL À ESQUERDA, de Alex van Warmerdam | Tradução Giovana Soar

A NAÇÃO — UMA PEÇA EM SEIS EPISÓDIOS, de Eric de Vroedt | Tradução Newton Moreno

2023

2ª edição

Este livro foi composto em Univers.
Impresso pela Imos Gráfica sobre
papel Polen Bold LD 90g/m².